昭和天皇物語（しょうわてんのうものがたり）

2

能條純一
〔原作〕半藤一利
〔脚本〕永福一成
〔監修〕志波秀宇

〔目次〕

※本作是基於史實再加上部分創作所構成的作品。

第8話◎心得

各位聽好了!?正如我和殿下說過的，學歷史不只是學習書本上的知識而已!!
大正四年（一九一五）三月──

歷史是需要實證的。
歷史並非故事！每個人都要親自去感受才行。
這陣子，裕仁皇太子與五位同學一起巡訪日本各地的天皇陵和皇室陵墓。
不消說，這正是東宮御學問所
歷史教師白鳥庫吉的教育方針……!!

※現今奈良縣橿原市。

宮內省——
明治三十八年
御養育日誌
阿孝女士……
請問這些
冊子是？
是這十年來
關於裕仁殿下
的養育日誌。
真了不起…
妳除了官方日誌
外，還另外做了
紀錄嗎……!!
パラ
*翻

希望這些資料能幫到殿下……
阿孝女士，這是很寶貴的紀錄!!我木戶孝正會負起責任，妥善保管的。
阿孝女士，這十年來，
真的是辛苦妳了!!
ガタン
*起身
我木戶孝正，
在此誠摯感謝妳的付出。
木戶大人客氣了，
這十年來我也過得很愉快啊。

ガッ
*轟
……
車夫。
待會到二重橋的時候，麻煩你停一下可好？
好咧!!

……四月八日。
今天是學習院初等科的入學典禮。
迪宮大人一早就很緊張……
不斷練習如何和乃木院長打招呼……

「心得」……？
是指養育心得嗎…？
「心得」
「心得」
致在我離開後，代替我照顧殿下的人……
請容我交代一些放心不下的叮嚀。
殿下他非常喜歡大自然，
尤其喜愛花草樹木。

殿下想在御所內散步時，請務必陪伴他。
啊。
殿下看到感興趣的花草，會一直佇足觀賞。
彷彿和那些花草對話一般，久久不願離開。
這時候，請務必和殿下多聊幾句。不管殿下說什麼，請在一旁溫柔地回應他吧……
有時候，殿下會問那些花草的名字。若當下答不出來，請務必查出那些花草的名字，無論要花多久的時間。

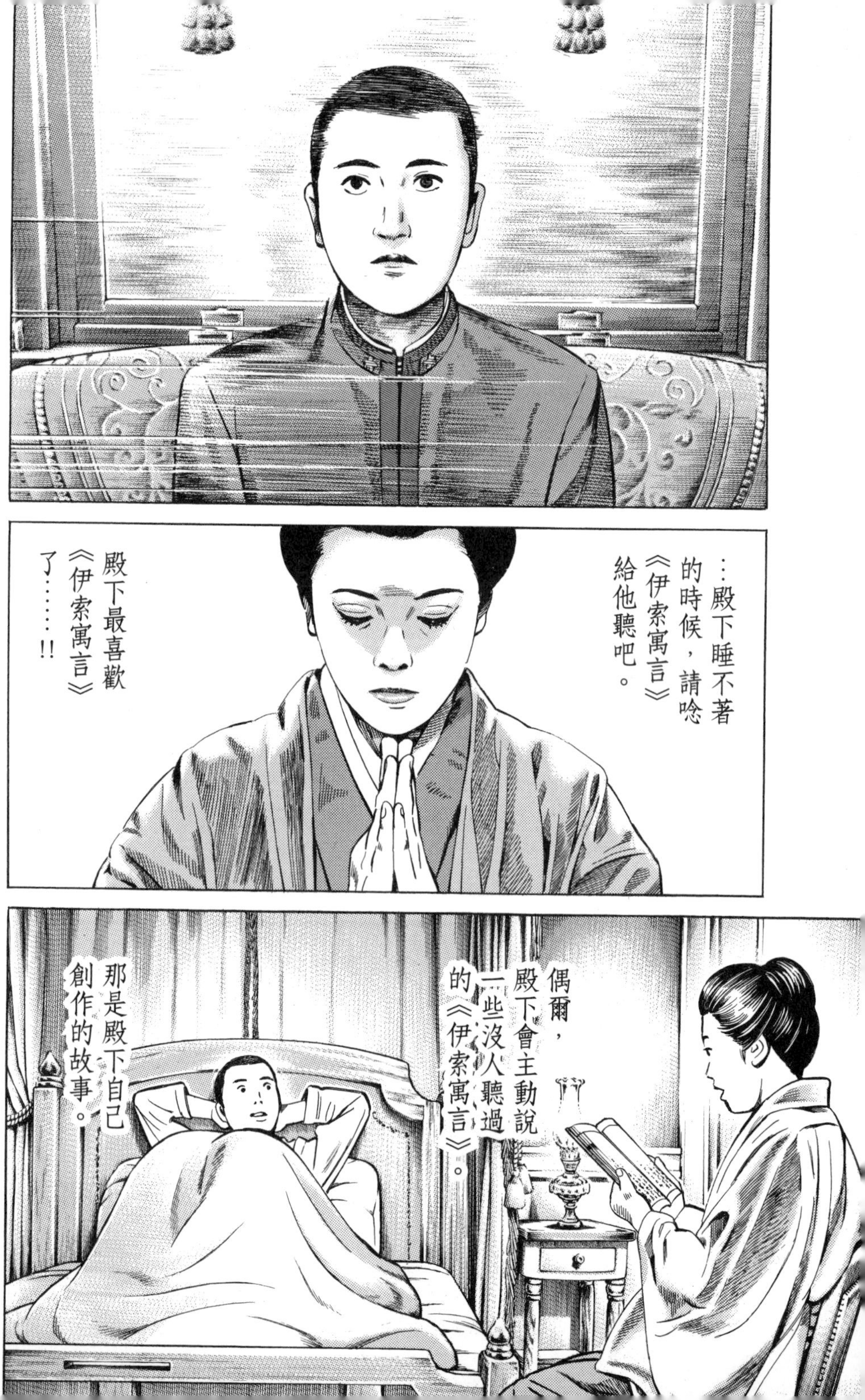

……殿下睡不著的時候，請唸《伊索寓言》給他聽吧。
殿下最喜歡《伊索寓言》了……!!
偶爾，殿下會主動說一些沒人聽過的《伊索寓言》。
那是殿下自己創作的故事。

迪宮大人，
難不成剛才的《伊索寓言》，是您自己創作的……？
妳說呢？
該睡囉。
當殿下講述自己創作的《伊索寓言》時，請衷心稱讚他的故事很有趣……
……最後我還有一個心願。
……請用最崇高的、最深厚的、
最聖潔的愛心陪伴殿下左右，守望殿下成長，與他一起同甘共苦……!!

大正四年——
三十二歲的足立孝，
嫁給了海軍少將
鈴木貫太郎。
宮中顧問官
木戸孝正，
在兩年後的
大正六年——
還等不到裕仁
皇太子即位，
就與世長辭了，
享年六十歲。

大正六年十月，東宮御學問所——
咿唷咿唷〜〜

在下乃武藏坊弁慶是也～
東鄉大人……請問那是在做什麼？
聽就知道了，是長唄※！好像是叫《船弁慶》吧。
上課有需要實際演示長唄嗎……!?
沒辦法啊，這是杉浦先生要求的……！他說要教導主從關係，詠唱《船弁慶》是最適合的。

※編注：以三味線伴奏的長歌，起源於歌舞伎的伴奏曲。

賴朝與義經
兄弟失和—
東鄉大人!!我有要事商量，懇請撥冗一談。
山本啊，你要談什麼？其實我大概猜得出來……
山本信次郎
法語教師
海軍大佐

……首先，我不明白教導主從關係，為何要從義經和弁慶講起……
總比赤穗※浪士要好吧。
況且，這間御學問所到底算是怎樣的學校……？這間學校真的對殿下有幫助嗎……？
殿下目前置身軍籍……這是效法英國王家的做法!!既然如此為何不乾脆……
山本先生！殿下現在置身軍籍，是基於《皇族身位令》，絕不是效法外國作風!!
山本……你究竟想說什麼……？

※譯注：指赤穗藩義士，江戶時代為替主公淺野長矩報仇，殺入吉良家斬殺仇敵。此歷史事件後改編為戲劇《忠臣藏》。

先坐下來再談吧……？
大人!!我們日本效法的英國王室，那些王子打從懂事以來就在陸軍官校學習。
所以你是希望日本的皇子，也在軍校學習囉!?
刻意讓殿下在外歷練，使其成長茁壯是吧。
山本……我明白你的意思!!我也有同感，畢竟我也是位軍人。而軍人的信條就是變強。但我要告訴你!!
這間東宮御學問所，是已故乃木大人提案的。

我東鄉平八郎擔任御學問所總裁也四年了。現在，我終於瞭解乃木希典創立這間學校的用意了……
我相信乃木希典他……
一定是希望未來即位的裕仁殿下，
成為一個世所景仰的日本人。
這才是乃木大人他提議創校的原因…
離下午授課還有一段時間……
我去散散步。

別介意，你們繼續比相撲吧!!
殿下不在…
去哪了？

ザ
*敬禮
殿下……
您在做什麼呢……？

我在這裡抓水蚤。
水蚤……？
東鄉大人您知道水蚤有多少種類嗎？
我也不太清楚，所以才想抓來研究看看……
在下才疏學淺啊。
有幾種呢……？
……

那年是大正六年（一九一七）。
全球局勢動盪不安，
尤其歐洲爆發了
前所未見的殺戮戰爭，
第一次世界大戰——!!
看著皇太子裕仁稚氣的面容，
東鄉心裡只有一個念頭，
他衷心希望這場
世界大戰……
不要引發更大的戰爭!!

第9話◎臨時的課外教學

!!
這是什麼…
印章…？

竹山？
東鄉元帥，那是我刻來玩的印章啦。
!!
御學問所裡沒人姓「竹山」啊…
這「竹山」是誰呢……？
殿下的？為什麼殿下要刻印章…？

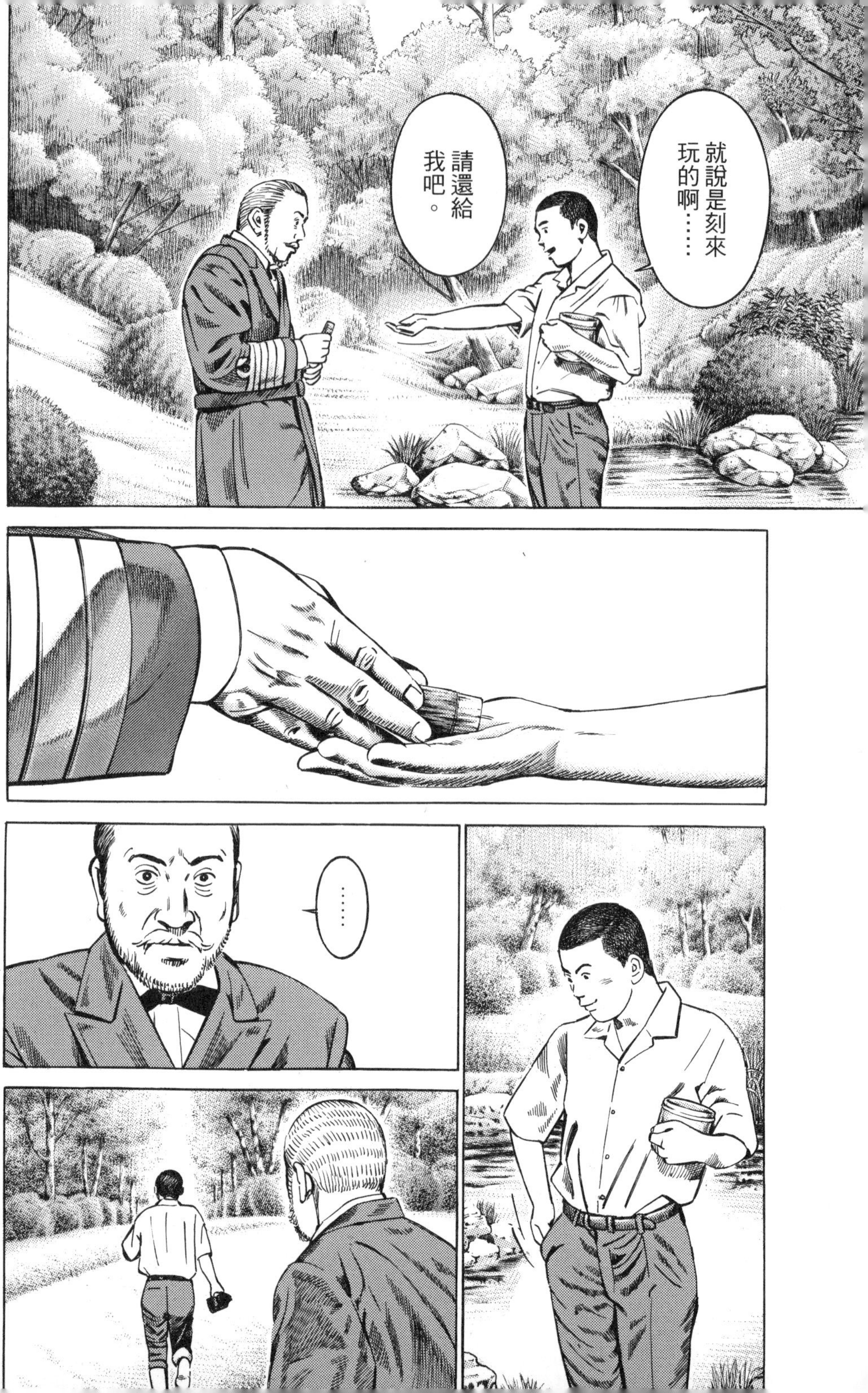
就說是刻來玩的啊……
請還給我吧。
……

各位，法文要特別重視發音!!
法國人對於他們的母語感到十分自豪。
如果發音不夠好，就算聽得懂，也會故意裝作聽不懂……

呵……那傢伙什麼時候開始留鬍子啦…？要也留得氣派一點……
山本信次郎!!
他在「三笠」艦上服役時，應該尚未蓄鬍…嗯，確實沒有!!
我記得他那時候擔任分隊長……
嗯嗯。
「三笠」……一九〇五年，明治三十八年五月二十七日。
「皇國興廢，盡在此役。」
……這都已是十年前的往事了，真令人懷念啊……!!

開始
砲擊!!
那時候……
我們與俄羅斯浴血奮戰，同樣失去了許多寶貴的年輕生命。
……不過!!

不過——與現在的戰爭相比，似乎……還比較人道一點。
至少，人類的尊嚴還是存在的。——
現在的戰爭……在歐洲爆發的「世界大戰」——是一種機械式的，而且冷酷無比的戰爭，毫無節制可言……
機關槍一掃，每秒都有大量的士兵喪命!!
飛機在空中進行戰鬥!!
從高空轟炸地面!!
盡是過去無法想像的大量殺戮……!!

這種戰爭結束後，
還會剩下什麼？
和平嗎……？
還是更為
冷酷的戰爭？
殿下即位以後，
情況說不定
會更加……
……!!
啊──
!!
大人！
您怎麼了!?
呃，
沒事沒事…
抱歉！

殿下！請挺直腰桿…打起精神來！
＊挺
クイッ
是的，就是這樣…!!
各位同學，我們再繞一圈吧——

!!
山本先生！有什麼事嗎？
不好意思冒昧打擾，
我想進行課外教學。
課外教學？東鄉大人同意這事了嗎？
……
當然。

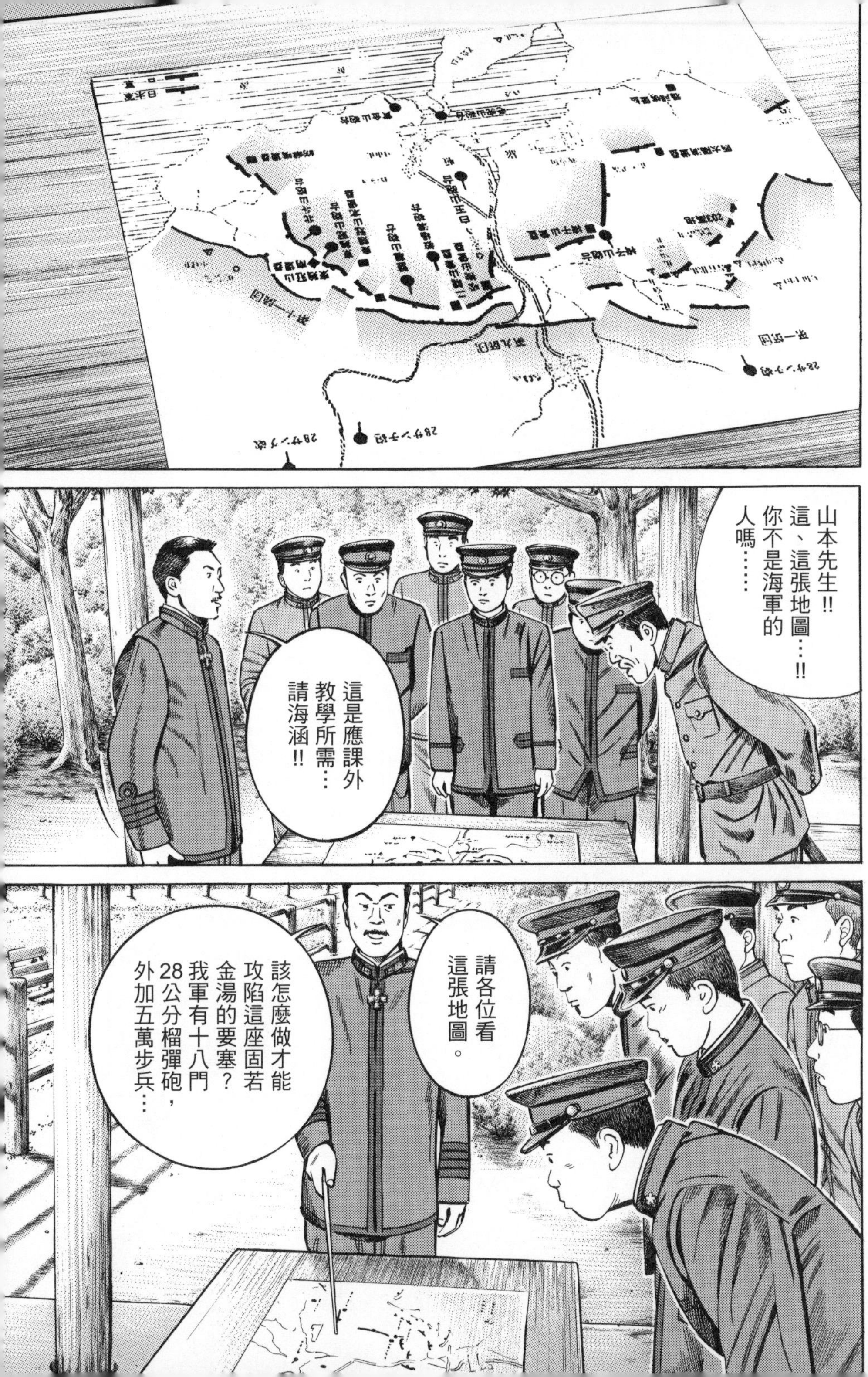
山本先生!!
這、這張地圖⋯!!
你不是海軍的人嗎⋯⋯
這是應課外教學所需⋯請海涵!!
請各位看這張地圖。
該怎麼做才能攻陷這座固若金湯的要塞？我軍有十八門28公分榴彈砲，外加五萬步兵⋯

是我的話，會拉長砲擊的射程……
首先痛擊敵人後方，再掩護步兵攻打要塞!!
大迫，你會怎麼做？
……我與堤同學持相反意見。
射程應該維持在前方，或是配合要塞距離……然後下令步兵發動突擊。
嗯！殿下……不介意的話，
請發表高見。
我認為——

乃木大人做的是萬不得已的選擇……!!
不延長砲擊的射程距離，而直接發動步兵突擊……!!要打下這座固若金湯的要塞……攻陷二〇三高地，
步兵突擊和砲擊必須同時進行方能成功，
哪怕得伴隨莫大的犧牲……!!
……!!
沒錯!!
殿下所言極是!!

壬生老師。
是？
這回我們改繞御所一圈吧…
一旦緩急，則義勇奉公，
以扶翼天壤無窮之皇運。

如是者，
不獨為朕
忠良臣民……

皇國興廢，
盡在此役!!

皇國興廢，
盡在此役!!

殿下!!
您是怎麼了!?
怎麼突然……!!
殿下!!
您沒受傷吧!?
沒、沒事。
這頭該死的畜牲!!竟敢對殿下無禮!!
看我宰了牠……!!
這匹馬是無辜的！牠一定是察覺到我心緒紊亂了吧。

對不起啊⋯都怪我想了一些多餘的事情，
害你差一點就沒命了。看來我這個人⋯⋯
是不能表露情緒的，否則會有人受到傷害⋯

阿孝……等我當上天皇……這個世界會變成什麼樣子呢？
是和平的世界嗎……還是不一樣的面貌呢…
許多國民就得要為了國家、為了天皇……
付出生命。
若非和平之世，那麼許多國民…

我得成為一個值得人民付出生命的君主…
一個無可挑剔的天皇……
竹山!!
ポチャン
*撲通

從今往後，永別了。
朕，即是國家。

第10話◎少年的請求

甘露寺……麻煩你再跟我說一次那個男人的名字。
他名叫鈴木貫太郎，是海軍次官。
看起來是位溫和的好人呢……!! 阿孝嫁給他，應該過得很幸福吧。
殿下！您怎麼了嗎!?

ガタン
*起身
甘露寺，今天品川沿海是否起大霧了？景色好模糊喔。

你要殿下戴眼鏡？不行、不行——!!絕對不行!!
可是，殿下的近視已經相當嚴重了。
就跟你說不行了!!未來的天皇怎麼可以戴眼鏡呢!!

要是東鄉大人在場，一定也會同意我濱尾新的意見!!天皇戴眼鏡成何體統啊!!
……
殿下！這是村田眼鏡店的老闆。
眼鏡已經完成了，我請他帶過來給您。

殿下，失禮了…
感覺如何？
我看到了!!看得好清楚!!品川沿海的景色很清晰!!

隔天早上
眼鏡……

……就是這麼回事！
殿下!!
真的非常抱歉!!前幾天，山本竟然假借課外教學的名義，向您提出失禮的問題!!

……我記得，是旅順圍攻戰的地圖吧……
懇請殿下恕罪。──在下不該對殿下提出多餘的疑問……!!
不會，我很感謝山本老師。多虧你問那個問題，我才深刻瞭解到……
現今的日本是許多寶貴生命換來的。……我很感謝你……

＊靜——
生物學家服部廣太郎，終於登台授課了……
那麼……他會怎麼講課呢？
「光明終將照亮人類的起源與歷史……」
各位知道這句話是誰講的嗎？
唔…真是個性格嚴謹的人……從他不急不徐的語氣，就能感受到他的脾性…!!
咳

是的!!
這句話出自查爾斯·達爾文的《物種起源》。
生物會不斷變化以適應環境……
喔……教法四平八穩……!!
相當不錯麼。
物種經過演化分歧，產生出豐富的物種。

不過，所謂的學者都是一些性情古怪之人。
杉浦重剛如此，白鳥庫吉也是如此……!!
他們都想教殿下一些不必要的東西……!!
這個服部廣太郎和其他學者不同，也許是一個值得信賴的對象……!!
…我直接說結論!!
人類的祖先就是猿猴!!
ドッ

*摔

大人…
……!!
沒一個例外的!!
噗
服部老師……!!

關於您今天上課提到的達爾文《進化論》……
《物種起源》是吧……怎麼了嗎？
呃，您說……人類的祖先是猿猴……
是猿猴啊，……怎麼了？
那麼，日本皇室的祖先，
那些皇祖皇宗追本溯源……
也是猿猴。

＊唰

再會！
服部老師!!學說固然有它的道理，但您授課的對象是殿下，可否請您用比較婉轉的說法表達呢……
不管誰來教答案都一樣，這就是科學!!
ブロロ
小笠原啊…我真搞不懂學者。
…是啊！
*隆隆

御學問所成立的最高宗旨，是讓殿下擁有世界一流的教養——
小笠原啊，為達這個目標，難道我們只能在一旁乾瞪眼嗎……
這段時間，皇太子裕仁跟著歷史學家白鳥庫吉巡訪日本各地。
二人搭乘軍艦「生駒」，
從敦賀灣往佐渡真野灣，再自真野灣前往新潟……
殿下，
大海寬廣無垠，而且綿延萬里。

海洋的另一邊有不同的國家以及其人民，還有各式各樣的歷史文化，正所謂百聞不如一見!!
白鳥老師。
抵達新潟後，要去會津若松對吧……
是!!請務必走一趟白虎隊的史蹟……!!對了，殿下！還有一事……
差不多是時候了吧!!
是指？

回到東京後，就要舉辦
「立太子之禮」了吧。
……!!
※向天下昭告皇太子人選的儀式。
殿下，請您務必將日本的歷史……
是！
……
帶往好的方向。

大正五年（一九一六）初冬——
阿孝！
來了，夫君有何吩咐？
妳真的不去嗎？
阿孝……!!
……明天就是裕仁親王的「立太子之禮」。
ガラッ
*喀啦

我去拜託一下東鄉元帥……
好讓妳可以到御所親自祝賀殿下。
不、不用麻煩了！雖然我服侍了殿下十年……
但也就是個下人！負責照顧生活起居罷了！
可是，對殿下來說，
阿孝妳就形同母親吧……
沒有的事，
他大概也忘記我了吧。
這樣嗎……那我去海軍省啦。

殿下，明天就是「立太子之禮」。
再確認一下細部程序吧。

甘露寺，我有事要麻煩你。
請說？
明天，可否招待阿孝到御所？
阿孝？
啊！是鈴木海軍次官的夫人是吧…!!
很抱歉，這事我實在做不了主…
我希望找她一同參與。

——那一天，
宮城（皇居）外的
路上擠得水泄不通。
裕仁殿下的
「立太子之禮」
就要開始了——

想不到有這麼多人祝賀殿下……祝賀迪宮大人的「立太子之禮」。
阿孝她——
光想到這點，內心就湧起一股澎湃的情緒。
那一天，是大正五年十一月三日——

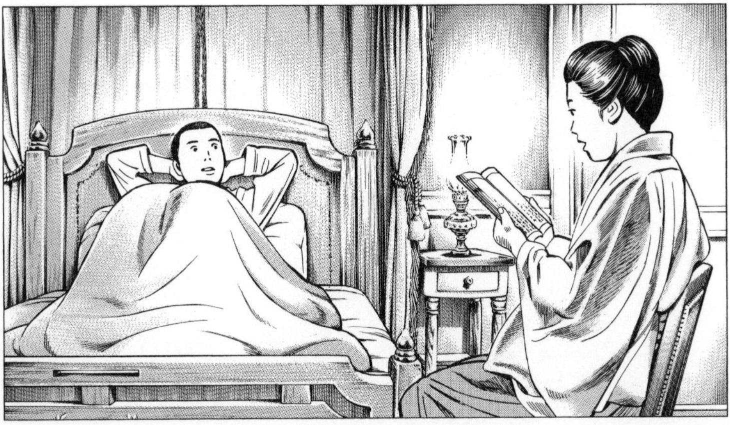

昭和天皇物語

第11話◎父親的教誨

甘露寺，
就快到宮城了。
我想戴眼鏡……

殿下，現在還不適合讓臣民看到您戴眼鏡的樣子……
……阿孝她絕對在這裡!!

「想不到殿下已經長那麼大了……而且還那樣英姿煥發……」
足立孝佇足良久，一直追尋著皇太子的身影……
「殿下，您已經翱翔到我永遠也搆不著的地方了……」
「不過……不過……」
我真替您高興。
那一天，阿孝如此低喃道……!!

同一天，「立太子之禮」——

元帥、陸軍大將、
公爵、元老
山縣有朋

山縣公爵……
何事啊？
今日殿下的「立太子之禮」都順利結束了…怎麼瞧你悶悶不樂的呢…!!

我是在擔憂日本的將來啊，不曉得未來會何去何從……
唉呀——瞧您說的，難不成又有大戰了嗎？
要這麼說也行，對手是薩摩。
薩摩……是指薩摩藩嗎？
對啊！權力鬥爭。
自從我們長州的伊藤一死，薩摩的那幫人就又開始為所欲為了!!

伊藤博文真是了不起的人物啊…他護住了我們長州藩的面子!!好女色有啥大不了的。
山縣公爵，您不是和伊藤大人合不來嗎……
那是兩回事吧!!
你看看皇太子就讀的東宮御學問所!!
總裁是薩摩的東鄉平八郎!!他們想拉攏皇室的野心昭然若揭啊。我們勉強推上位的首相也不曉得能幹多久……
ドン
*咚
所以！我要安排一場「起死回生」的局!!

起死回生!?
您的意思是!?
別洩露出去啊。
殿下的「立太子之禮」結束了，
接下來是什麼!?
接下來!?
呃……煩請指點一二…?
你一個政治家竟然不知道…
接下來……
就是婚配大事啊!!

太子妃必須是我們長州的人!!
大正六年(一九一七)麻布鳥居坂——

大小姐！
可否請教您一個問題呢？
嗯，什麼事呢？
我記得您是八點才上課對吧……？
啊，不好意思。每天都麻煩你一大早來載我…
啊，我是沒關係啦。

只是您每天提早一個半小時到校，有什麼特殊理由嗎？
你說理由是嗎？
是啊!!
這個麼，
是我的…
秘密!!

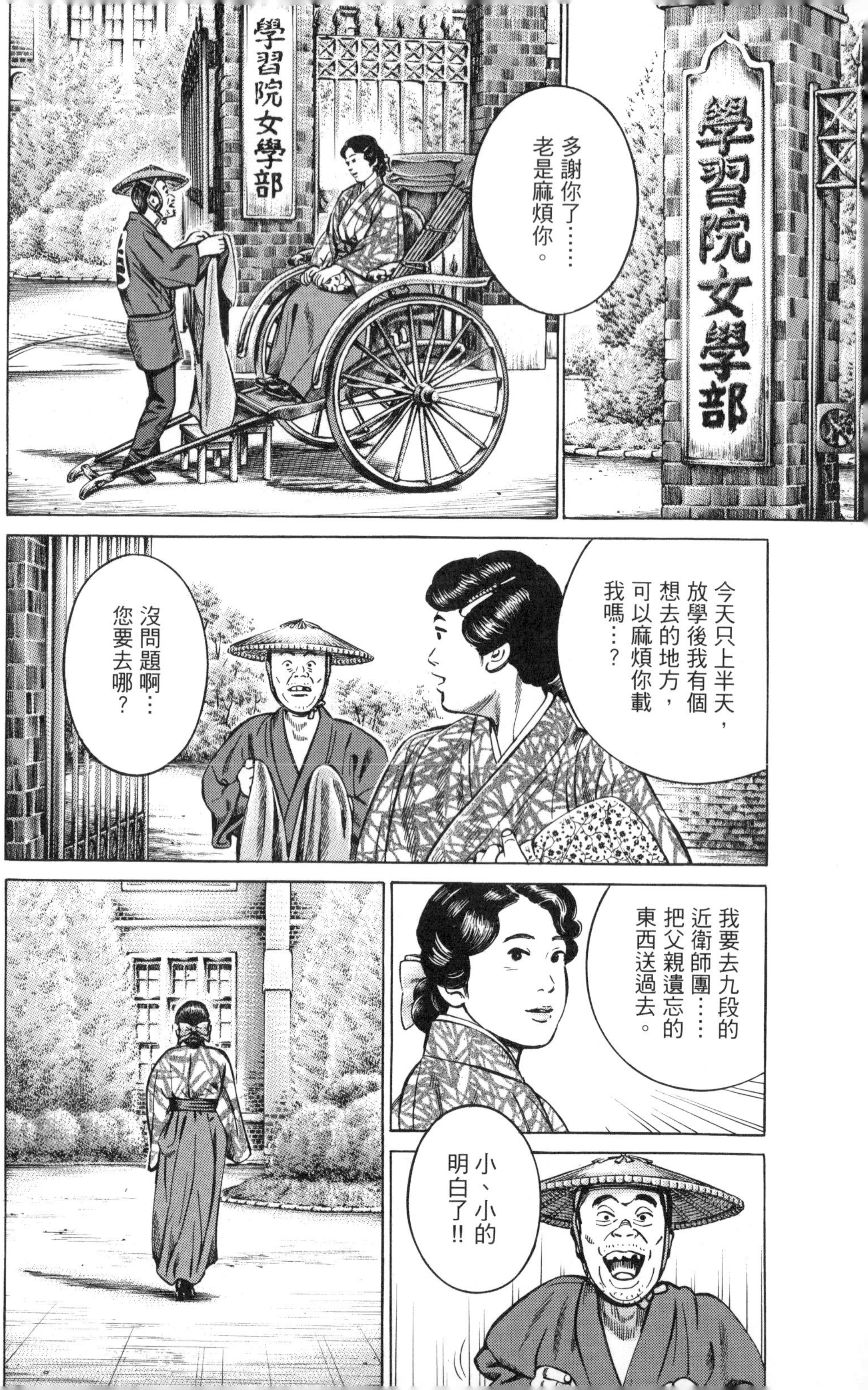
學習院女學部
學習院女學部
多謝你了……老是麻煩你。
今天只上半天，放學後我有個想去的地方，可以麻煩你載我嗎…？
沒問題啊…您要去哪？
我要去九段的近衛師團……把父親遺忘的東西送過去。
小、小的明白了!!

早安。
我記得……
您是大迫院長
的侍從對吧…
您今天很早
到呢…有何
要事呢？
院長有話要
在下轉告…!!
大迫院長
有事轉告…？
院長說，不能
讓久邇宮家的
大小姐來清掃
廁所!!
從今天起，
請交給學校
的雜役清掃，
大小姐就別
做這件事了!!

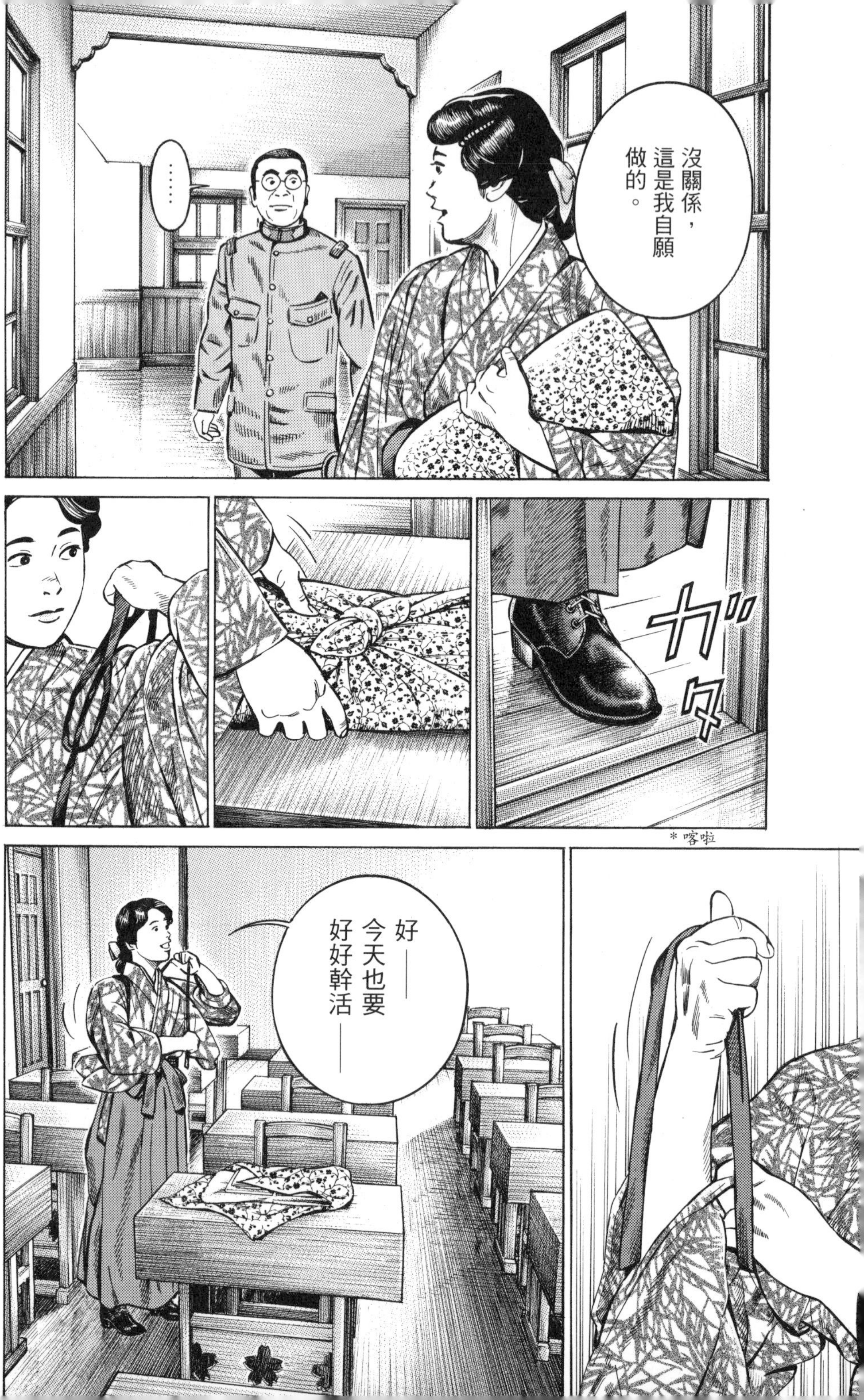
沒關係，這是我自願做的。
……
ガタ
＊喀啦
好——今天也要好好幹活——

宮城（皇居）——
裕仁啊……!!四處出巡還開心嗎……？
是……白鳥庫吉老師帶著我們前往各地參訪……!!
我聽說，之前你們到佐渡去……一到當地就碰上了滂沱大雨是吧。

島民紛紛夾道歡迎你的到來，連傘也沒撐。你和我不一樣，很受人民愛戴呢……!!
呃…這…
島民感動流淚，無不向你膜拜是吧……!!
你還讓人拆下人力車的頂棚，以紆尊降貴的方式接受島民的歡迎……!!

你是一個品格卓越的人……而且又有毅力!!
真不知你像誰?或許是像先帝…也就是我的父皇明治大帝吧。
我想你身旁的人,都叫你多多效法先帝……
而不是效法我,對吧…
沒這回事…我對父親大人也……
好了、好了。……我很清楚自己和先帝是不同的,不過——
我自己對天皇有一套看法,專屬於我個人的「天皇」形象!!

是……!!每一位國民都很尊敬陛下……
我啊，在出外巡幸※的時候，很喜歡和臣民處在一塊……
真是愉快啊……那是我最愉快的時光了……大家一起談天、一起歡笑……
陛下！您果然在這裡。
我跟你說……
在外頭待太久，對您的身子不好啊。

※天皇參訪各地之意。

我啊，很想多多接觸底下的臣民!!直接聆聽他們的聲音!!
他們過著什麼樣的生活，又如何維持自己的生計…這些我都想深入瞭解啊!!
是……
陛下！該回房歇息了……!!
大正天皇正室
貞明皇后

久邇宮邦彥王
長女良子，
年方十四——

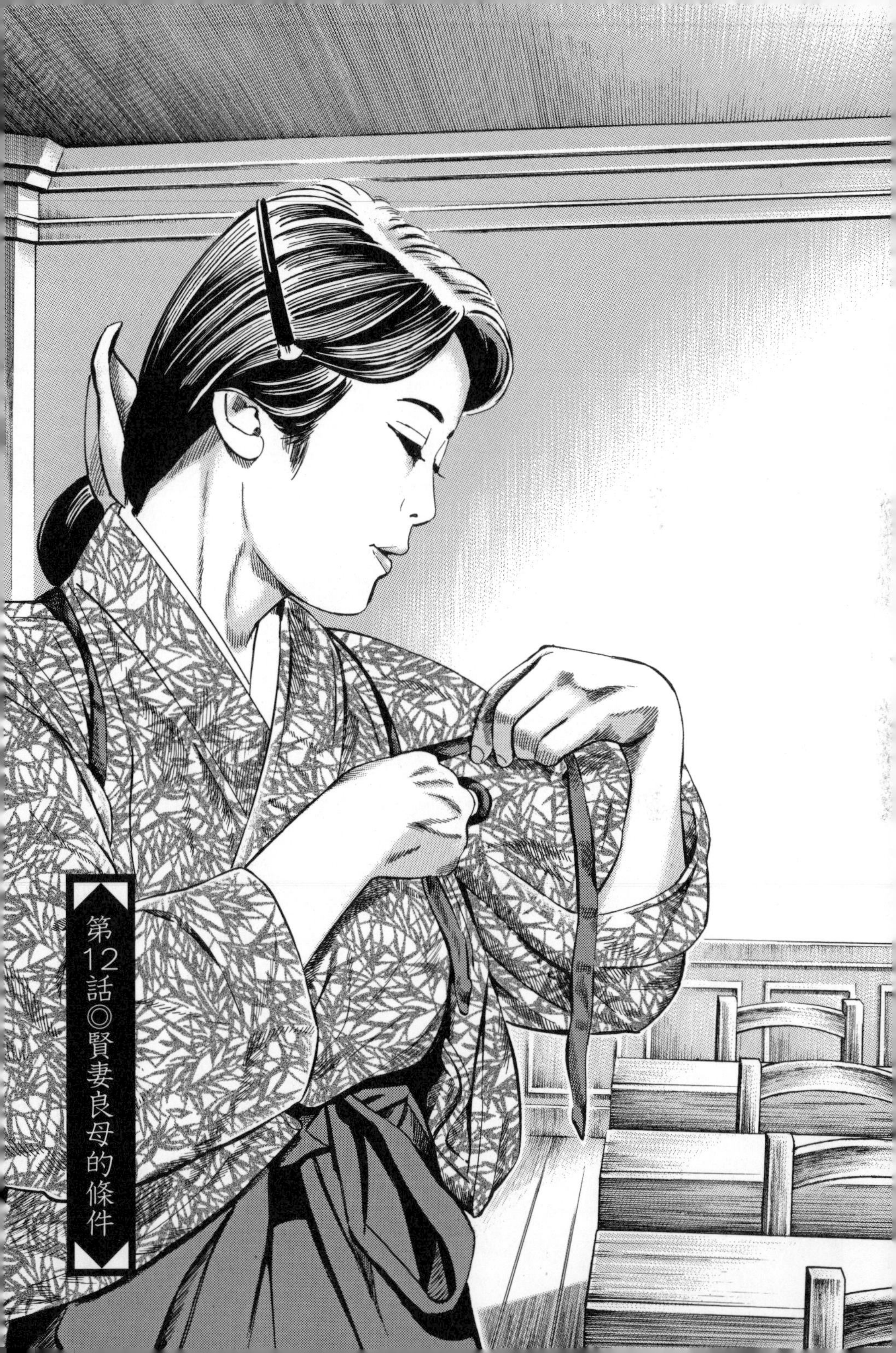
第12話◎賢妻良母的條件

學習院
呼
大迫院長!!
打擾了——!!
コン
叩
*磅
怎麼著!!
一大清早就發出這麼吵鬧的噪音……!!

剛才，
宮內大臣波多野敬直傳來消息，
今天下午一點，貞明皇后本人……
將親自蒞臨學習院……!!
*碰
ドッ
要來這裡!?
不！是到女學部的校舍。

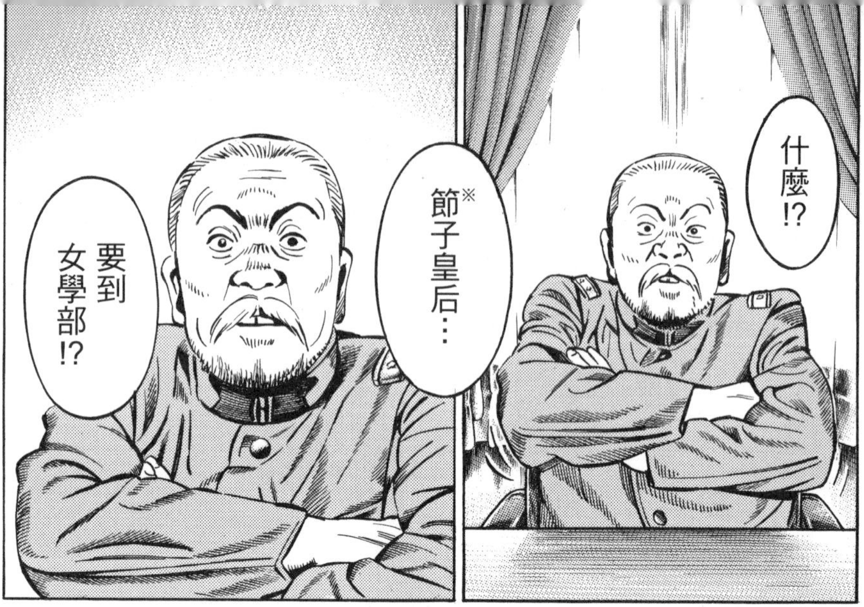
什麼!?
節子皇后※…
要到女學部!?

※貞明皇后的舊名為九条節子。

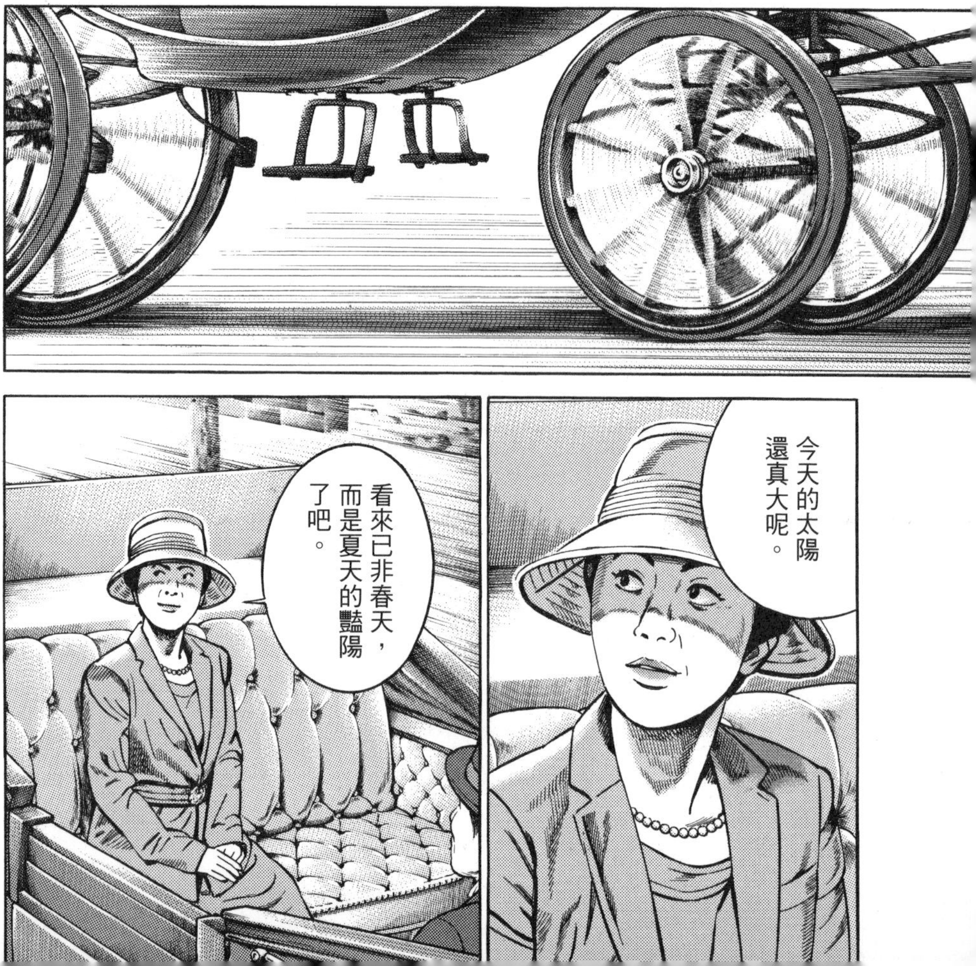
今天的太陽還真大呢。
看來已非春天，而是夏天的豔陽了吧。

今年四月，裕仁就十六歲了。時間過得真快…!!
學習院女學部——

*喀啦
カチャ

!!
各位，不必起身沒關係。
這…這不是皇后殿下嗎!?

那個學生是誰……？
您是指？
這一排最前面的那一個。
她是久邇宮家的長女……良子大人。
那個學生呢……
把她叫來會客室，另外再找兩個人……

三位小姐！像這樣將手伸出來……我可以從手看出妳們的生活方式。
妳比其他兩人高出一學年……叫什麼名字？
我叫梨本宮方子。

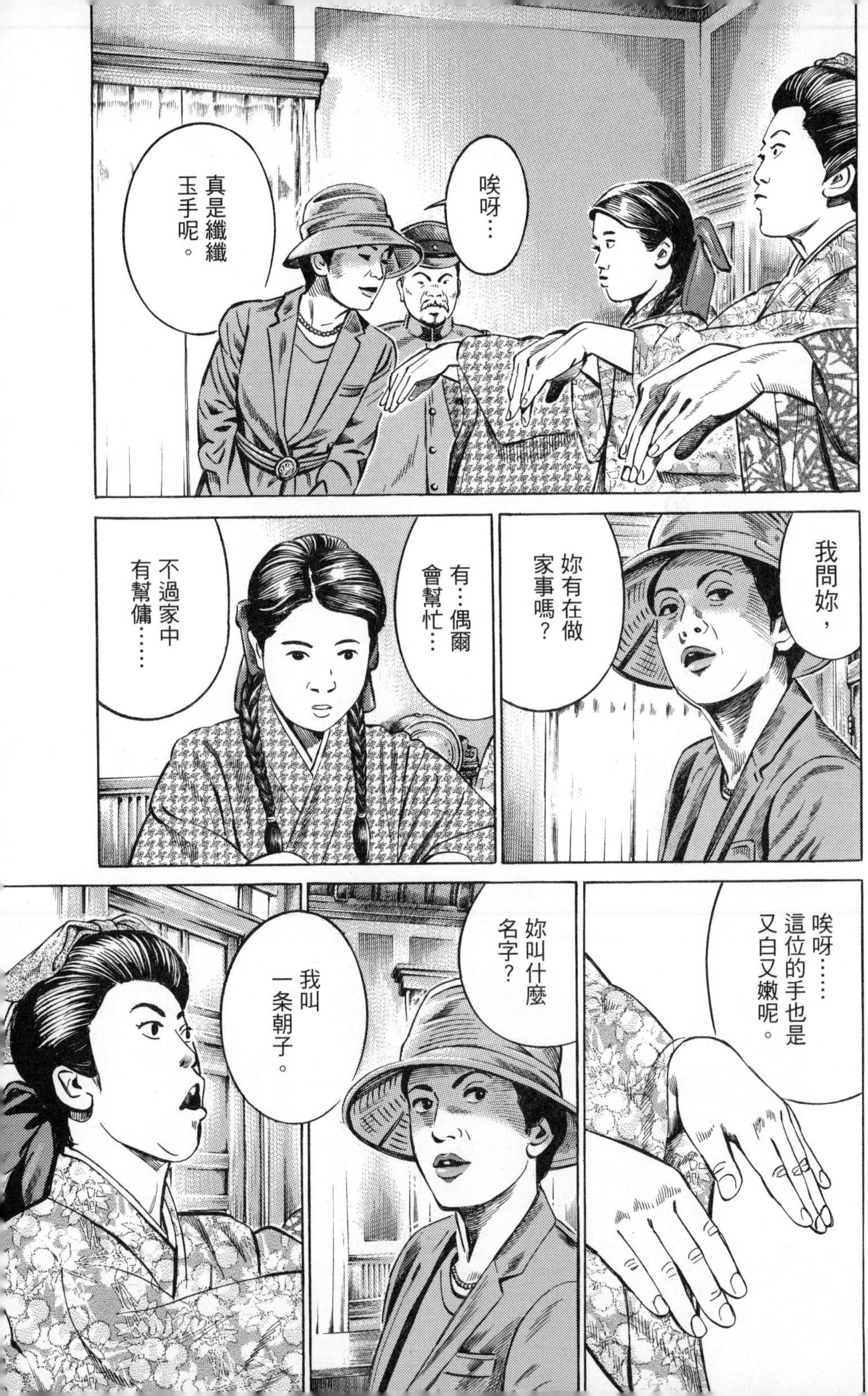
唉呀…
真是纖纖玉手呢。
我問妳，
妳有在做家事嗎？
有…偶爾會幫忙…
不過家中有幫傭……
唉呀……這位的手也是又白又嫩呢。
妳叫什麼名字？
我叫一条朝子。

……我進教室的時候，妳是第一個回頭的，真是個敏銳的孩子呢……!!
我問妳……當一個賢妻良母的條件是什麼？
盡心服侍丈夫，
守護家庭，
還有為國盡忠……
很遺憾！
妳完全答錯了！
……

作為賢妻良母……
只要生下健康的男孩就夠了!!
至於妳……
妳可知道?
我進到教室後，就只有妳沒有回頭喔……!!

對不起，皇后殿下。我在練字沒注意…
為什麼……!?
為什麼妳的手會粗糙成這樣？雙手都紅腫了不是嗎!!
這是怎麼一回事!?
快告訴我……!!

稟告皇后，這位學生……每天都會提早到校打掃廁所……
是這樣嗎……!?

聽好了！從明天開始，妳不准再打掃廁所了！要是用這麼粗糙的手去抱小孩那還得了……!!
……咦？

殿下，用餐時間到了……我們回去吧。
甘露寺，你看！
今年開了很美的花呢……!!這裡直到去年都還是枯木呢。
這是什麼花呢!?
是桃花。

你不覺得很漂亮嗎？
光是欣賞這樣的美景，心靈就很富足呢。
殿下……祝您也能娶到一位貌美如花的妃子啊……!!
!!
你說，妃子!?
皇后和各大元老，都在忙著挑選殿下的妃子呢。

殿下，您是怎麼想的呢…？
此話當真嗎!?
當然是真的，殿下成婚乃我國一大盛事啊!!
好了，別說了！
我才十六歲而已。
……現在談婚配不嫌太早了嗎…？

良子小姐，先走一步囉。
呼哈…

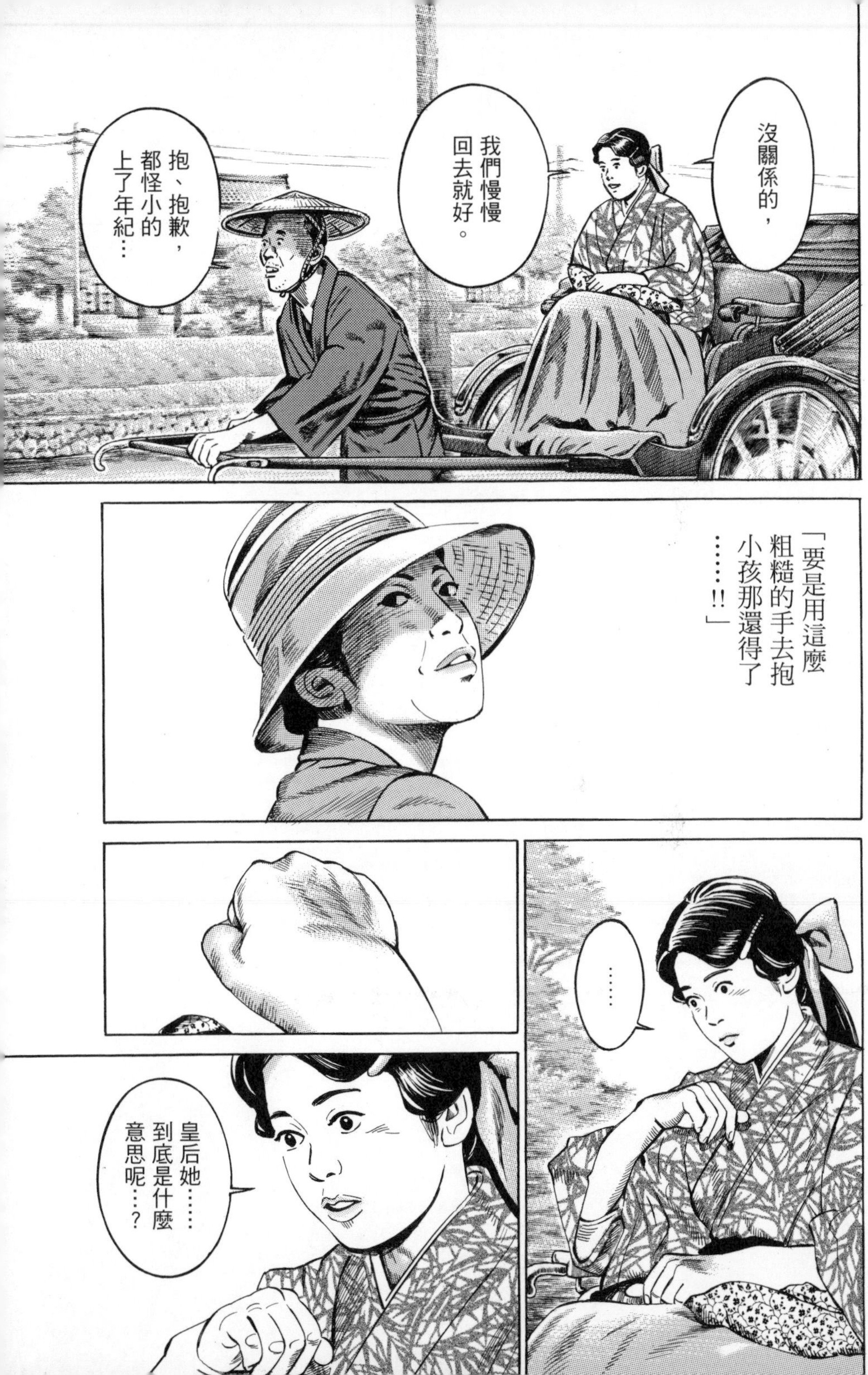
沒關係的，
我們慢慢回去就好。
抱、抱歉，都怪小的上了年紀…
「要是用這麼粗糙的手去抱小孩那還得了……!!」
……
皇后她……到底是什麼意思呢…？

那一天起，
貞明皇后
開始布局!!
她徹底調查有關
久邇宮良子的
一切事跡，
包括以往的成績、
就醫紀錄……
連良子從十歲
開始寫的日記
也不放過。
*翻
パラ
日記啊……
「今天，我與父親
一起去觀摩劍術，
擊劍之姿英武動人。
到後來還有女孩子
拿起薙刀，勇敢地
和男性對練比試……」

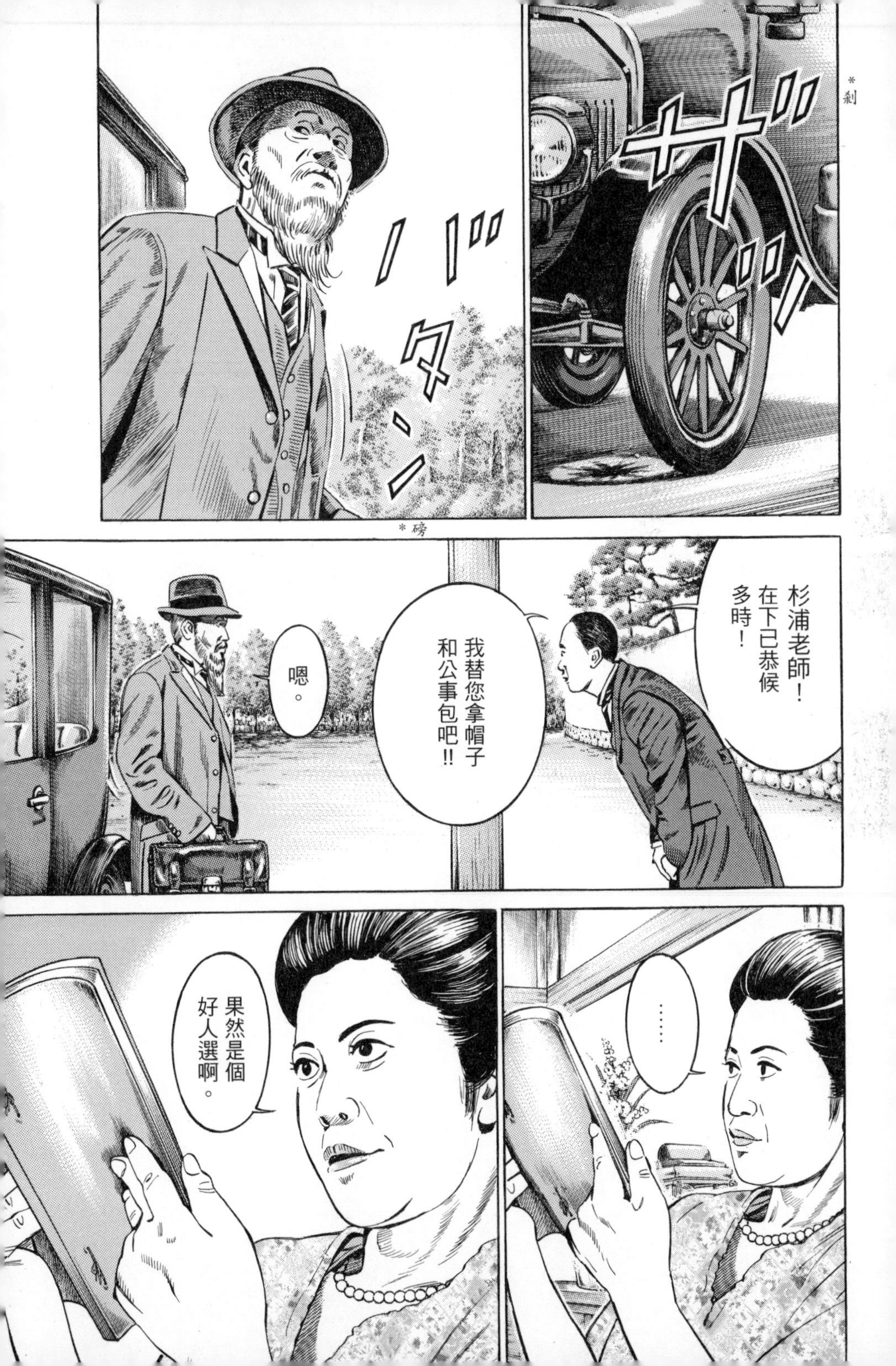
*剎
*磅
杉浦老師！在下已恭候多時！
我替您拿帽子和公事包吧!!
嗯。
……
果然是個好人選啊。

カツン
カツン
* 躂躂
皇后竟然直接召見我談話…
有何要事呢……!!

第13話◎相遇

*叩

請！
敝人杉浦重剛拜見皇后。
走近一點，讓我好好看看你！

喔——氣宇軒昂，和裕仁形容得真是一模一樣呢……!!
確實與乃木希典有幾分神似……呵呵呵。
敢問皇后殿下召見敝人所為何事呢？
你在御學問所擔任倫理教師，也算是看著裕仁成長的。

誠如皇后殿下所言。
杉浦！
在……
我想聊聊太子妃的事……!!
太子妃…!?
你說說，什麼樣的女子才配得上裕仁殿下呢……？

良子小姐先走一步囉——
目前各大報紙都在報導某位少女是內定的太子妃不是嗎……
你是說一条實輝的三女嗎？那是新聞誤報，一条朝子並不適合裕仁。

皇后殿下!! 杉浦斗膽請教您的高見，還請您賜教⋯!!
您看上的是哪一位女性呢!!
ガタッ
＊站起
クルッ
＊轉身
久邇宮⋯⋯良子。

源叔，沒關係的，只要不遲到就可以了。
抱歉，都怪我慢吞吞…
就說了，不必放在心上啊！
久邇宮……良子!!
……
杉浦……我希望能將久邇宮良子
暫時交給你指導……!!請教育她成為稱職的太子妃吧……!!

皇后殿下……如此重責大任，何以託付予我呢……!?
我不希望裕仁的婚姻大事被拿來政治操作……!!
再怎麼說，裕仁也是我這個皇后所親生的孩子。
裕仁的婚禮是我們天皇家的事……!!

小田原
山縣有朋別墅
古稀庵
說吧？
你有什麼重要的事情告訴我啊？
這是波多野宮內大臣所透露的消息…
石原健三
宮內次官
咿
咦!?

哈啾！
ガタン
＊彈起
擤
又有人在偷偷談論我的事了，肯定是在說我壞話吧……
波多野大臣談到了裕仁殿下的婚配對象……
!!
太子妃的內定人選乃久邇宮邦彥王的長女良子女王※……

※編注：日本皇族中，將離天皇三親等以上的女子稱作女王。

久邇宮!?
……據我所知久邇宮邦彥王的夫人是……
沒錯!
是薩摩藩主島津忠義的八女……!!
不行!!
這可不行!!太子妃竟是薩摩的人…!!
若沒有長州藩的犧牲,豈會有今天的日本!!
和薩摩關係匪淺的久邇宮家萬一出了個「皇后」,薩摩肯定拿翹!!

無論如何都得阻擋這門婚事才行。
呃⋯是⋯
要是日本的實權慘遭薩摩掌控，我死後可沒有臉去見伊藤博文。
他一定會嘲笑我，說我是長州之恥。
即便不擇手段也要阻止婚約!!
非阻止不可!!

高輪東宮御所
御學問所
好，今天的課程到此結束。最後呢，容我冒昧談論一下，一位理想的女性應該具備哪些特質——
請殿下和其他同學參考參考。

第一，性格必須開朗溫和；第二，要懂得當一個傾聽者；
第三，聆聽時會點頭稱是。沒有別的了！
……？杉浦先生是怎麼了？
……
真搞不懂他們學者都在想些什麼…!!尤其是這傢伙…
殿下！
是！

今天只上半天課，聽說您下午也沒有公務。
可否請您午後撥一點時間，陪陪我老人家呢？
好啊⋯
有個人，
我無論如何都想請您和她見上一面。
是誰呢？
我想殿下小時候也見過對方幾次。
野口幽香⋯您還記得嗎？

野口幽香——
她是貞明皇后最信賴的女性教育家。
她為窮苦的庶民孩童創立日本首間私立幼稚園「二葉幼稚園」——
*剎
您就是野口幽香女士吧？
我已收到皇后殿下的知會。

嗯!?
……您並非
單獨前來嗎…
我們要在這裡
等待野口老師
嗎……?
是的，
野口老師希望
約在不會引人
注目的地方…
所以才選
這裡……

杉浦老師…關於您剛才談到的理想女性特質，
但我母后的性格可一點都不溫和啊…
呃…這……
凡、凡、凡事總有特例吧…

殿下，好久不見了…您還記得我嗎？我是野口幽香。
殿下小的時候…曾來訪我任職的華族女學校附設幼稚園幾次……
是……這我記得。
和當時照顧您起居的足立孝一起……
殿下……那麼您還記得她是誰嗎？

……？
殿下，我叫
久邇宮良子…
…我以前念
附設幼稚園，
當時曾和您
見過幾次面…
……
不好意思…
其實我也記
不太得了…
今天是野口
老師邀請我
來的。
那時候……

……那時候，阿孝在野口老師任職的幼稚園裡教小朋友摺紙——
有個女孩子坐在我面前，笑瞇瞇地看著我……
就是她啊……!!
!!

哇——好漂亮的花!!
這種花叫雛罌粟，對吧！
嗯，別名虞美人草⋯⋯
而這是雜草⋯
不⋯⋯這世上不存在叫雜草的植物。

每一種草都有屬於它的名字，比方說……
是……
這種草叫綿棗兒，屬天門冬科……
…嗯！
一、性格必須溫和開朗；
二、要懂得當個傾聽者；
三、聆聽時會點頭稱是。
杉浦老師……看樣子他們很合得來呢。
皇后眼光真好……覓得如此好對象，她一定很高興吧！
這個到了夏天，會開出可愛的花朵喔。
…嗯。

第14話◎母親的心痛

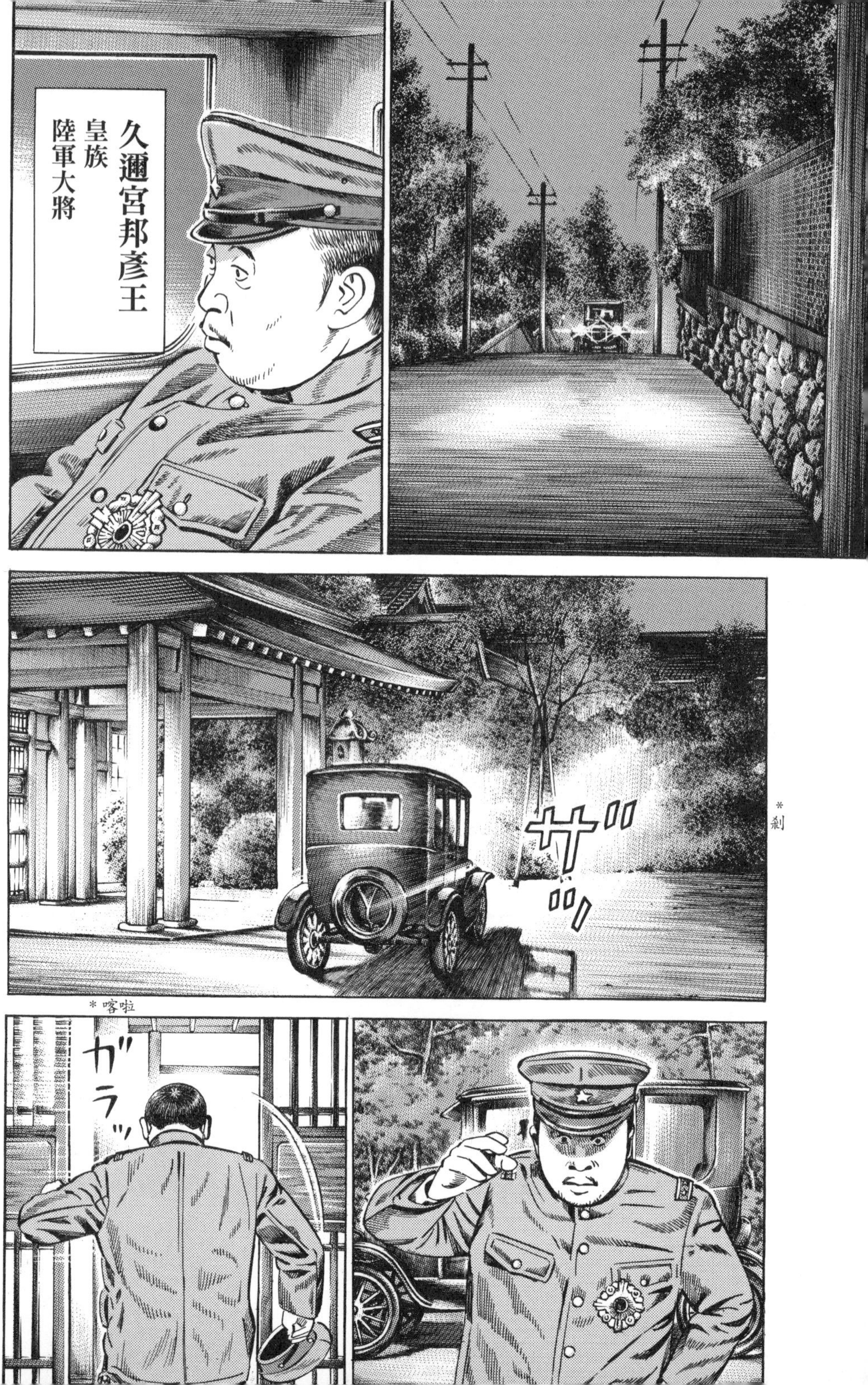
久邇宮邦彥王
皇族
陸軍大將
ザザッ
*剎
*喀啦
ガラッ

歡迎回來，夫君。
不用備飯了，我已經吃過了……!!
*坐
ドッ
*咚
夫君……
宮內省的波多野大臣，和你說了什麼？
コトッ
是裕仁殿下和良子的事。

果、果然吶…是不是我們家良子要成為太子妃了!?
應該是這樣……吧。
不過……!!
不過？
元老山縣有朋似乎不太贊成這門婚事……
夫君啊……這是波多野大臣直接告訴你的消息……代表皇后也同意良子這個人選不是嗎……？

這樣…嗎？
當然是啊!!一定是皇后殿下看上我們家良子，才會告訴波多野大臣!!
ドン
＊挨近
良子人呢……？
已經就寢了，信子和智子也是……
反正這件事妳先別外傳。
等宮內省正式發通知再說吧。

呼——
スー
スー
下個路口右轉，接著往左，到底後再右轉……
然後直走！
完成了！這樣就萬無一失了!!
真期待明天上學!!

チッ
チッ
*啾啾
*喀啦
ガラ
早安!
源叔，我們今天走別條路上學吧!!
喔，好…

良子小姐，先走一步囉。
可惡!!今天又被超前了!!
源叔，下個轉角右轉。
是。

大小姐！我往右轉了，這條路很窄喔，沒問題嗎？
放心吧。
相信我，再來往左轉……!!
是！
接著走到底往右轉。
右轉後直走就行了……知道嗎？
好、好!!

同一時間——
喔，對了！
朝子大小姐，我聽說您的名字被登在報紙上呢…!!
你是說，我成為太子妃人選的新聞吧…!!
不過……
那都已經是一個禮拜前的事了……我、我沒那個福分啦……
咦??

良、良子小姐…？
朝子小姐，早安！
妳是怎麼趕到的!?
我們中途確實超過妳了啊…
算是……
魔法吧。
嘿嘿。

良子小姐，妳到底用了什麼魔法？
秘密！
對了，朝子小姐，妳知道雛罌粟這種花的別名叫什麼嗎？
……不知道耶，叫什麼啊？
叫虞美人草喔。
虞美人草……!?
是前天……某位大人告訴我的。
嗯，我本來也不知道。

咦？等等，妳說的大人是誰啊!?
嗯～
這是…秘密。
秘密!?
怎麼都是秘密啊——。
……我說不出口呀。
虞美人是中國古代一位女子的名字。

…在中國秦代末期，有一位叫項羽的武將…
而和他相好的女子，就叫做虞美人……
嗯。
我實在——說不出口!!

小田原
山縣有朋別墅
古稀庵——
＊啜飲
ズズ…
大人，這是早報。
!!

皇太子殿下婚約已內
對象是久邇宮良子女王
什麼!?
內……定!?
混帳東西!!
波多野竟敢
給我玩陰的!?
沒有經過我
同意就內定!?
荒唐……
太荒唐了!!
內定取消!!
絕不讓你們
為所欲為!!

宮城（皇居）——
波多野敬直
宮內大臣
波多野，你做得很好！讓「婚約內定」成為眾所周知的事實，這樣其他人就無法置喙了。

呃，是。
瞧你憂心忡忡的……怎麼了嗎？
那些元老…
那些元老不會就這樣善罷甘休吧……!?
尤其……!!
你說的是山縣有朋對吧!?那個人不行，他只對權力和財富感興趣。
他完全是在利用天皇家來實現自己的政治野心罷了!!
……根本就沒有考慮到陛下的心情……!!

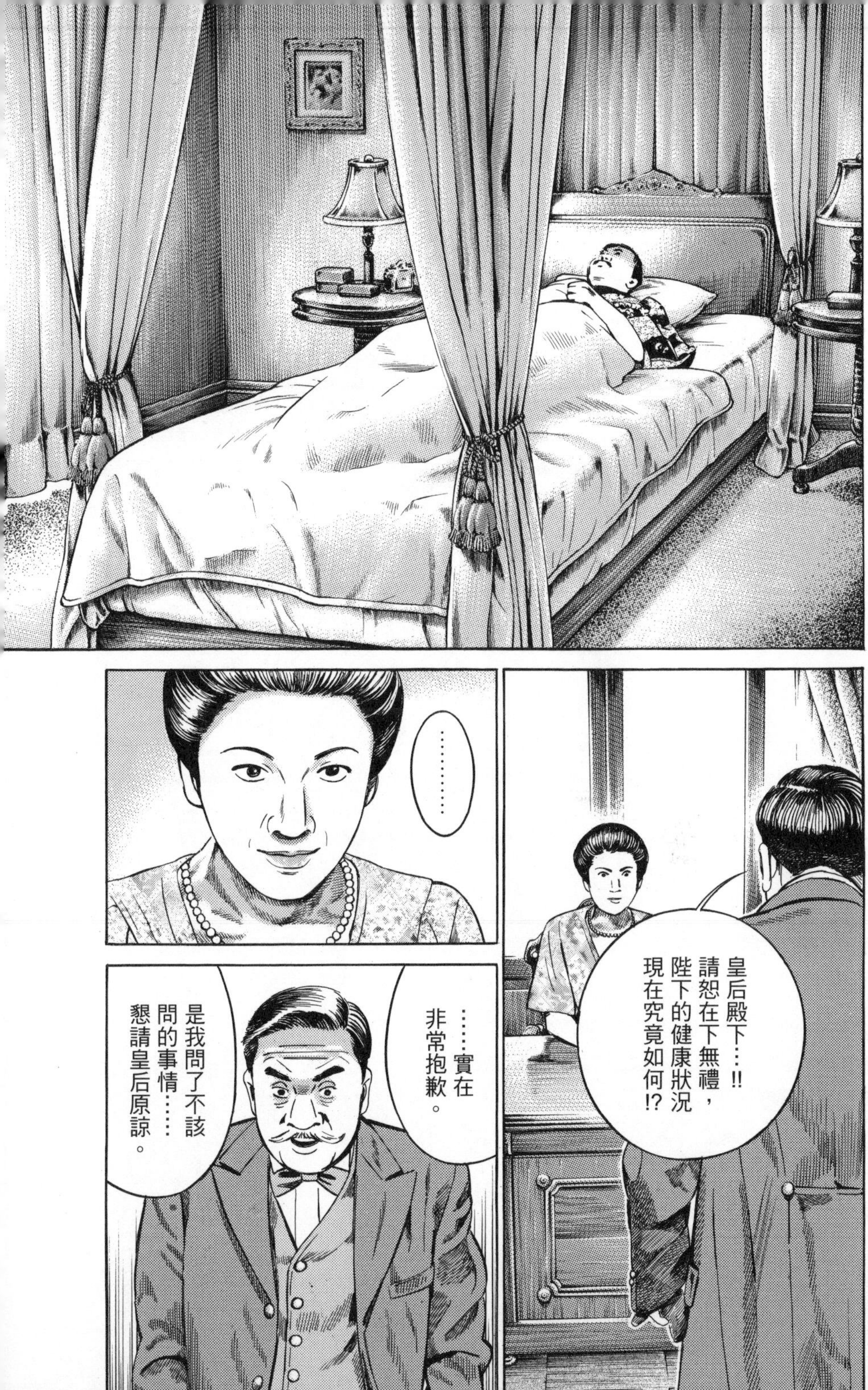
皇后殿下…!!請恕在下無禮，陛下的健康狀況現在究竟如何!?
……
……實在非常抱歉。
是我問了不該問的事情……懇請皇后原諒。

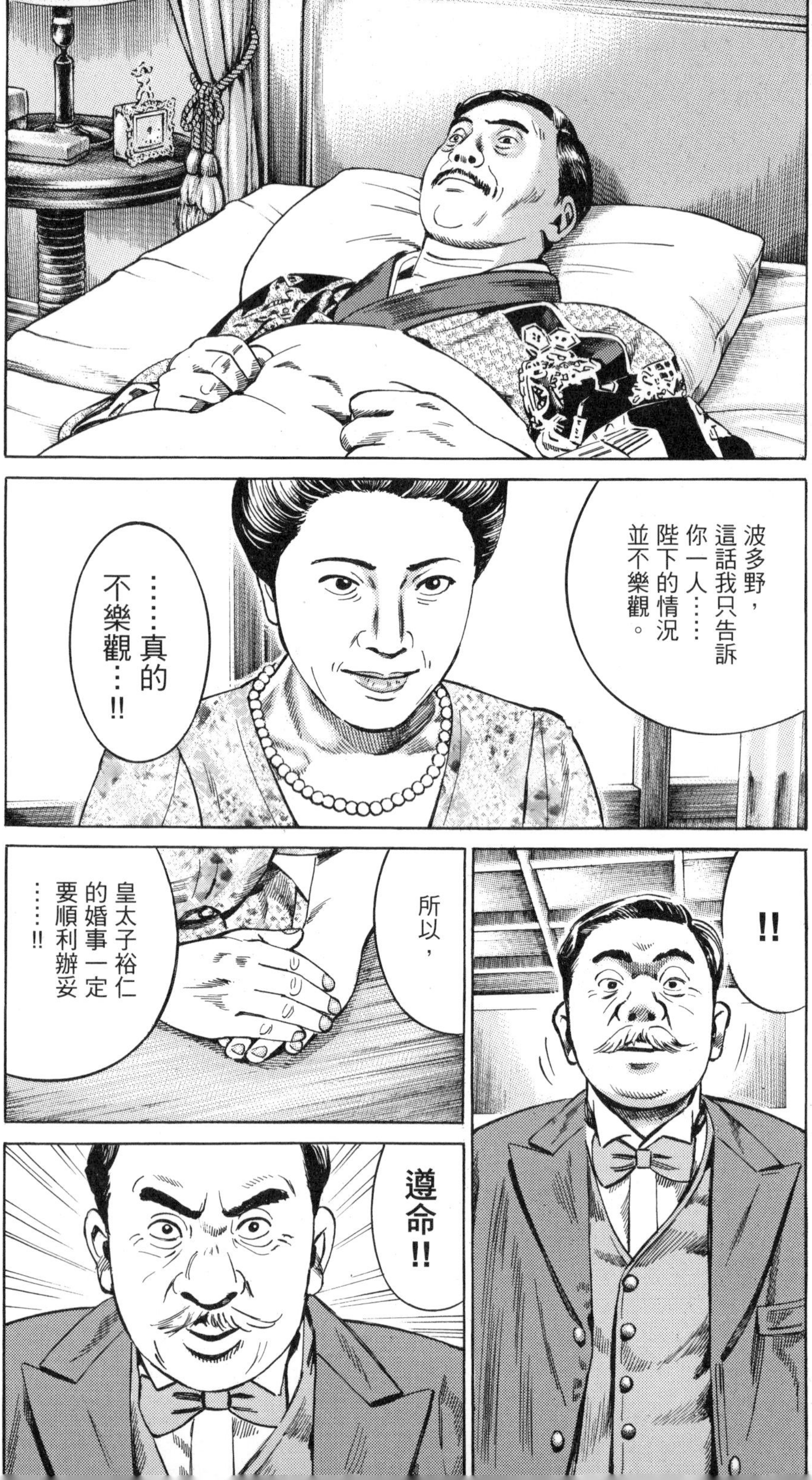
波多野，這話我只告訴你一人……陛下的情況並不樂觀。
……真的不樂觀……!!
所以，
皇太子裕仁的婚事一定要順利辦妥……!!
!!
遵命!!

聽明白了嗎，波多野？要盡快讓陛下安心才行。
……
真愉快啊……
巡幸真是愉快啊……
朕去了好多地方呢……!!
那時候…
剖紅喉魚給朕吃的漁夫，現在還出海捕魚嗎……

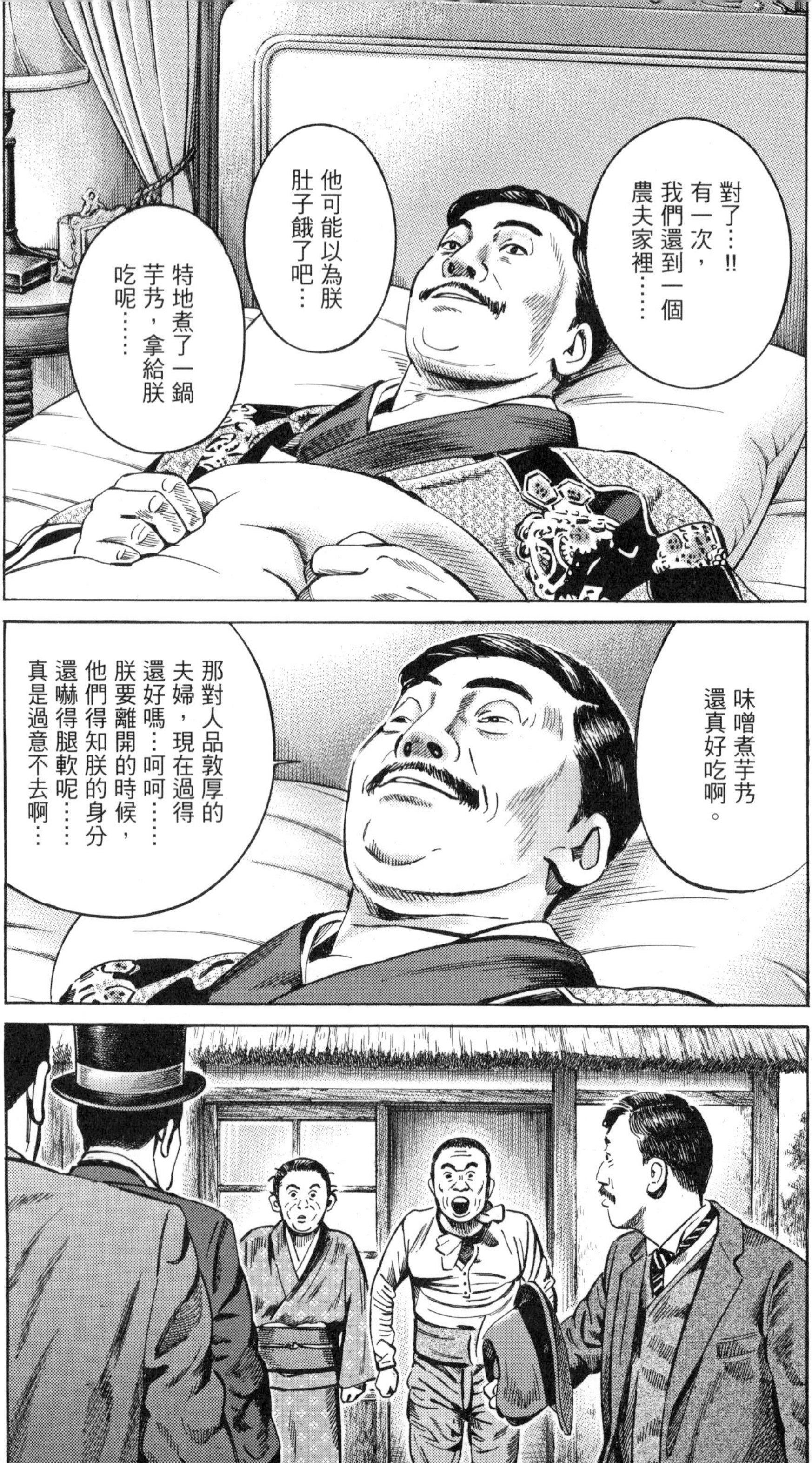
對了…!!有一次，我們還到一個農夫家裡……
他可能以為朕肚子餓了吧…
特地煮了一鍋芋艿，拿給朕吃呢……
味噌煮芋艿還真好吃啊。
那對人品敦厚的夫婦，現在過得還好嗎…呵呵……朕要離開的時候，他們得知朕的身分還嚇得腿軟呢……真是過意不去啊…

真是過意不去啊…!!

那一天，裕仁凝視著兩隻在天空翱翔的鳥兒。
在一片清澄藍天之下，
裕仁皇太子十七歲了——大正之世也過了七個年頭。

第15話◎社會動盪

恭賀裕仁殿下
結成百年之好!!
恭賀
裕仁殿下!!

殿下！您和良子女王見過幾次了？
殿下！
您說說吧……!!
良子女王是位什麼樣的女性呢？
カチャ
＊喀啦

久邇宮家的良子女王既健康又聰明，可以說是個人如其名的溫良女子。
良緣就是良緣!!
除此之外，不作他想!!
是良緣吶!!
呵…!!

大正七年（一九一八）夏天——
富山縣的小漁村發生了一起「事件」。

是米。
給米啊。
第一次世界大戰帶動了日本的「戰爭景氣」，大量人口聚集到都市，工廠勞動者也隨之增加——

那些米……
是屬於我們的……!!
景氣好轉導致物價上漲，稻米的價格飆升。而農業人口減少，又造成稻米的生產量下降——米價陷入居高不下的惡性循環。
別想把米帶走
富山魚津的婦女暴動
再這樣下去早晚餓死，
婦女們為生存吶喊
——船隻依舊載米出航
滾回去!!
不然把妳們全關進牢裡!!

雷厲風行的鎮壓行動引來社會反感，這場「稻米騷動」延燒到全國各地……!!當時的內閣已徹底失去了國民的信賴。
內閣總理大臣 寺內正毅
總理，懇請裁決!!
看來……只好掛冠而去了吧。

小田原
山縣有朋別墅
古稀庵（洋館）

※譯注：寺內正毅長得與頂著光頭的幸運之神「比利肯」（Billiken）很像，故得此別名。

寺內正毅……※比利肯總理引咎辭職啊……這也沒辦法。
……這下子長州派閥也沒人可用了！

元老
西園寺公望
山縣大人，您希望由誰擔任下一任總理……？
松方大人，
那你又屬意誰？薩摩藩那邊也沒合適人選了吧……？
只剩下那個人可用了……那個極度受到國民愛戴的男人……!!
元老
松方正義
果然啊。
其實，我今天也找了那個人過來…他也差不多該到了。

ザザッ
*剎
コン
叩
各位大人，原先生已經到了！
カッン
カッン
*躂、躂
カチャ
*喀啦

在下原敬，感謝各位元老的邀約。
哼…講話還是這麼冷冰冰的。
你坐吧。

恭敬不如從命。
獲得群眾狂熱支持的政治家
原敬
宮城（皇居）──
原敬……好像有人稱他平民宰相吧……挺不錯的呀!!
是──

——如此一來，長州和薩摩的派系政治也就告一段落了！東宮的婚事也順利進行中……!!
……波多野，婚約內定一事，你正式通知久邇宮了嗎？
是！今天上午已經確實通知了！
是嗎……
我想知道他的反應如何？有很開心嗎？還是一副驚訝的樣子？

如皇后所料，久邇宮大人十分驚訝，表情始終很緊張……
是嗎……聽說他目前在澀谷町修建大宅是吧…
手腳還挺俐落的麼！
波多野，你和他談到良子的「御學問所」了嗎？
有……我說大婚之前，他女兒得接受太子妃的教育。
波多野……我以前什麼都不懂就這樣嫁入宮中……被那些教導官折騰得可夠嗆了……

我不會讓良子重蹈覆轍的……!!
當時，久邇宮宅邸位在麻布鳥居坂。
道路兩旁各有一棟宅第，
東邊是日式建築。
西邊則是西式建築……

大人！
請您稍微將臉轉過來對著鏡頭吧…!!
這樣就好！我的側臉比較稱頭！
快點拍吧!!
カシャ
*喀嚓
良子女王，恭喜您結下良緣!!
…是。

ザワワ
*颯颯
嗯～～～
夫君，怎麼了嗎？
這樣吧！把那些礙眼的草木都砍了！

砍光以後，在那邊蓋一座學校!!
學校？
這是皇后的意思。
要專為良子蓋一座學校，培養她成為一位優秀的太子妃。
即是良子的「御學問所」！

ガッ
ゴゴ
*隆
殿下……瞧您神色不對……
難道是身子不舒服嗎……？
甘露寺，你說今天要到橫須賀視察海軍演習對吧？

是的！
那麼，我該做些什麼才好？
伏見宮博恭王會在現場等候殿下。
殿下聽從博恭王的指示即可。
甘露寺。
最近，我經常代替父親……出席重要場合。
是…？

你能否幫我詢問母后，父親…陛下的狀況怎麼樣了……？
陛下的健康狀況已經這麼糟了嗎？……很不樂觀嗎!?

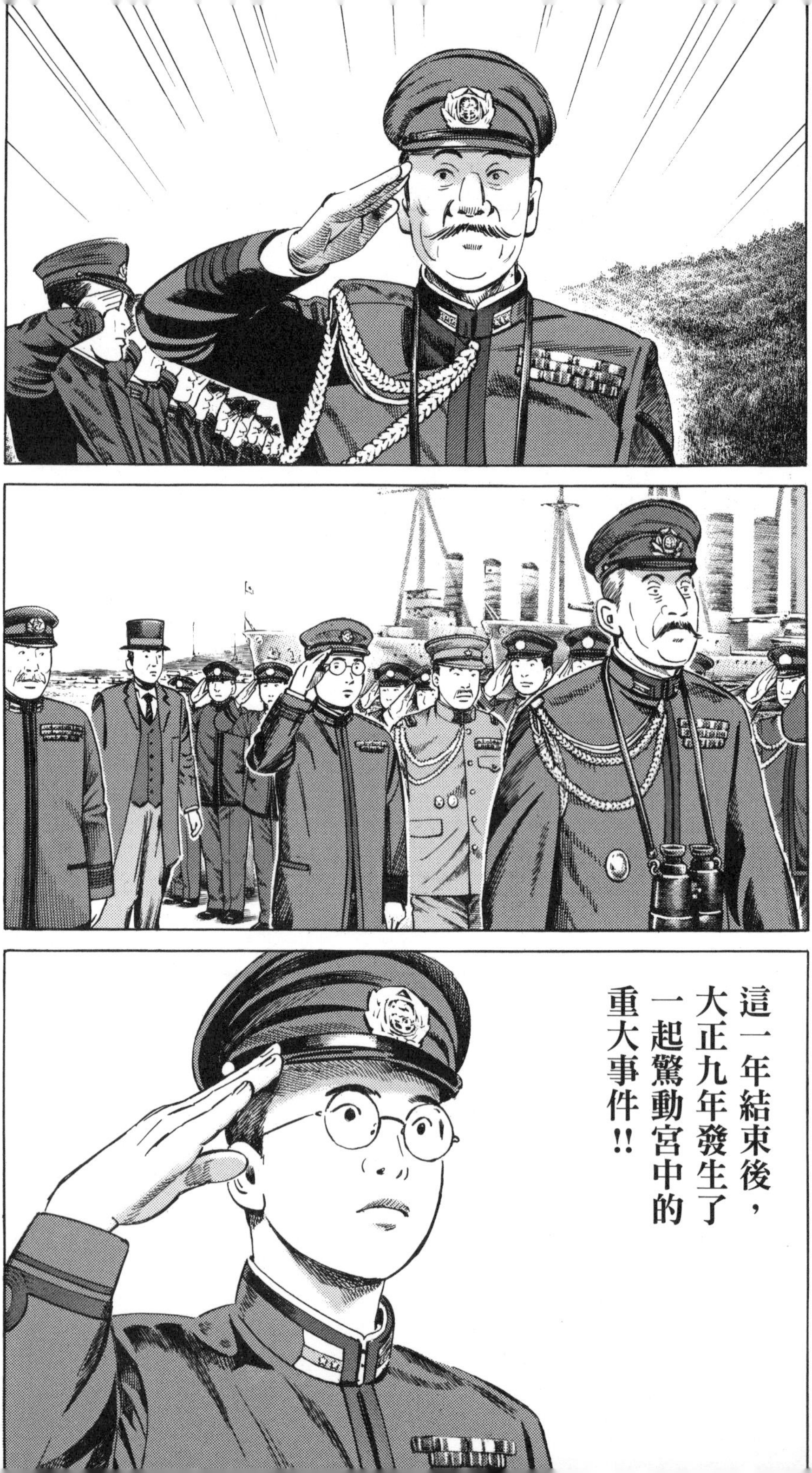
這一年結束後，大正九年發生了一起驚動宮中的重大事件!!

《昭和天皇物語》第2集—完—

| 首次刊載於《Big Comic Original》2017 年第 16 號～第 18 號、第 20 號～第 23 號；
2018 年第 2 號

昭和天皇物語（2）

作者——能條純一
原作——半藤一利
腳本——永福一成
監修——志波秀宇
譯者——葉廷昭
執行長——陳蕙慧
行銷總監——陳雅雯
行銷企劃——尹子麟
編輯——陳柔君、徐昉驊
封面設計——黑木香＋Bay Bridge Studio（日本）、汪熙凌（臺灣）
排版——簡單瑛設

社長——郭重興
發行人兼
出版總監——曾大福
出版者——遠足文化事業股份有限公司
地址——231 新北市新店區民權路 108-2 號 9 樓
電話——(02)2218-1417
傳真——(02)2218-0727
郵撥帳號——19504465
客服專線——0800-221-029
網址——http://www.bookrep.com.tw
Facebook——日本文化觀察局（https://www.facebook.com/saikounippon/）
法律顧問——華洋法律事務所 蘇文生律師
印製——呈靖彩藝有限公司

初版一刷 2020 年 3 月
Printed in Taiwan